MÉMOIRE

POUR

LA VEUVE CALAS

ET

SA FAMILLE.

MÉMOIRE

POUR la Veuve CALAS, & sa Famille.

NFIN, après le plus sérieux examen des piéces & procédures sur lesquelles Calas pere a été condamné au suppli-ce de la roue, tandis que ses préten-dus complices ont été mis hors de Cour, Sa Majesté a cassé & annullé les arrêts du Parlement de Toulouse des 9 & 18 Mars 1762, qui dans une cause indivisible avoient traité si différem-ment les Accusés.

Personne n'ignore avec quelles acclamations cet événement a été reçu dans le public. Tous ceux qui réfléchissent en ont tiré la conséquence, que dans une affaire aussi grave, le Conseil n'au-roit point anéanti l'ouvrage d'une Cour supé-rieure, s'il ne s'y étoit rencontré que de sim-ples défauts de formalité, si l'innocence des ac-

A

cufés n'avoit été mife dans le plus grand jour.

Après un préjugé auffi refpectable, les lumieres des Magiftrats auxquels le jugement de cet important Procès a été confié, l'attention fcrupuleufe avec laquelle ils examineront les informations & procédures qui font fous leurs yeux, nous difpenfent d'entrer dans de longs détails. Bornons nous donc à quelques réflexions qui ferviront à développer de plus en plus l'innocence des Accufés.

FAITS conftatés par les premieres Procédures.

QUE RÉSULTE-T-IL du Procès-verbal fait par le fieur David, & des autres Procès-Verbaux, rapports de Médécins, Chirurgiens & Procédures faites en conféquence ? Il en réfulte 1°. que le 13 Octobre 1761, après le foupé, on a trouvé dans la boutique du fieur Calas, près la porte du magafin, le cadavre d'un jeune homme, tête nue, & en chemife, ayant fa culotte, fes bas & fes fouliers, fon habit pofé fur le comptoir, lequel a été reconnu pour être le Cadavre de Marc-Antoine, fils de Jean Calas.

2°. Que le fieur David Capitoul, ayant fouillé dans les poches du défunt, il s'y eft trouvé plufieurs Lettres & Papiers, dont le Capitoul n'a pas jugé à propos de faire la description, fous prétexte qu'ils étoient *inutiles*.

3°. Que le Capitoul ayant jugé que Marc-Antoine Calas n'étoit pas mort de mort naturelle, il a fait vifiter le Cadavre par un Médecin & deux Chirurgiens, lefquels ont rapporté que le Cadavre étoit *fans aucune bleffure*, mais avec une marque livide au col, en forme de cercle, qui fe perdoit fur le derriere dans les cheveux, ce qui leur a fait juger que Marc-Antoine Calas avoit été pendu encore vivant, par lui-même ou par d'autres.

4°. Que deux jours après, c'eft-à-dire le 15 Octobre 1761, les Capitouls ayant nommé le fieur Lamarque, Chirurgien, pour faire l'ouverture du Cadavre, ce Chirurgien a commencé par faire un examen général de tout le Corps, & n'y a rien remarqué de plus que ce qui avoit été obfervé dans le rapport précédent.

5°. Que le lendemain 16 Octobre, les Capitouls s'étant tranfportés dans la maifon du fieur Calas, ils ont trouvé une corde à deux nœuds coulans derriere un comptoir du magafin : qu'enfuite ils ont trouvé, derriere la porte d'entre la boutique & le magafin, un billot dont on fe fert pour ferrer les ballots ; qu'ayant fait mefurer le billot avec la diftance des deux battans, il s'eft trouvé qu'il ne pouvoit atteindre de l'un à l'autre battant, à moins qu'on ne les raprochât comme pour fermer la porte : qu'enfin après être montés dans tous les appartemens & greniers de la maison du sieur Calas, les Capitouls n'ont trouvé aucune espéce d'indice, même dans les poches de plusieurs habits appartenans au defunt, à Jean-Pierre Calas son frere, & au sieur Calas pere.

VOILA ce qui résulte des opérations faites par les Capitouls, ou de leur autorité. Certainement on n'y trouve rien à la charge des Accusés. Au contraire, la seule circonstance que le Cadavre étoit sans aucune blessure, suffit pour démontrer que Marc-Antoine n'avoit point été étranglé par les Accusés, parce qu'il seroit absurde de supposer qu'on eut pû lui faire éprouver cette violence, sans qu'il fût resté sur son corps des traces du combat qu'il auroit soutenu à cette occasion.

Mais si le sieur David avoit observé les régles en Matiere Criminelle, il auroit constaté dès-lors d'autres faits d'après lesquels on n'auroit jamais osé hazarder l'accusation.

FAITS qui auroient dû être constatés par le sieur David.

Pourquoi par exemple n'avoir pas remarqué que la chevelure de Marc-Antoine n'avoit souffert aucun dérangement ?

Pourquoi n'avoir pas rendu compte des chanſons & vers obſcènes qui ſe ſont trouvés dans ſes poches ?

Puiſque le Médecin & les deux Chirurgiens avoient déclaré au ſieur David que Marc-Antoine avoit été pendu *par lui-même ou par d'autres*, pourquoi n'avoir pas conſtaté ſur le champ les moyens dont il avoit pû ſe ſervir ? Le ſieur David auroit trouvé la corde derriere le comptoir, & le billot derriere la porte du magaſin ; il auroit conſtaté beaucoup d'autres faits qui auroient diſſippé ce phantôme d'impoſſibilité phyſique, que Marc-Antoine ſe ſoit pendu lui-même, impoſſibilité dont la ſuppoſition eſt devenue le prétexte de la condamnation de Calas pere.

Pourquoi n'avoir pas fait ſur le champ une viſite exacte de tous les appartemens qui compoſoient le logement du ſieur Calas & de ſa famille, notamment de la Chambre qu'occupoit Marc-Antoine & de toutes les choſes qu'elle renfermoit qui pouvoient ſervir à charge ou àdécharge ? Le ſieur David a ſenti lui-même la faute qu'i avoit faite, puiſque trois jours après il a cherché à la réparer par la nouvelle viſite faite le 16 Octobre. Il n'a ainſi négligé tous ces devoirs, que parce qu'il n'étoit occupé que des circonſtances qui lui paroiſſoient devoir acréditer l'accuſation.

Pourquoi enfin n'avoir pas rendu compte de l'état où se sont trouvés Calas pere & sa femme, son second fils, le sieur Lavaysse & la servante ? Pourquoi ne pas rapporter leurs discours ? Pourquoi ne pas rendre compte de leur contenance, de leurs larmes, de leurs cris ? Pourquoi ne pas dire s'il avoit apperçu quelque signe de trouble & d'inquiétude, ou si malgré leur douleur, il avoit remarqué en eux cette noble assurance, qui, même dans les événemens les plus critiques, est toujours la compagne inséparable de l'innocence ?

INTERROGATOIRES,

& réponses des Accusés.

QUANT aux Interrogatoires qu'on a fait subir aux Accusés, c'est d'abord un fait certain qu'ils ont toujours nié d'être les auteurs de la mort de Marc-Antoine Calas. On ne trouvera là-dessus aucune variation de la part ni des uns, ni des autres.

Qu'y a-t-il donc dans ces interrogatoires qui puisse fixer l'attention de la Justice ?

1°. Dans les interrogatoires d'office qu'on a fait subir aux Accusés ils ne se sont pas expliqués sur le genre de mort de Marc-Antoine ; mais pourroit-on en faire un crime à un pere, une mere, un frere & un ami dont l'unique objet étoit de sauver l'honneur de la famille, & de s'éviter le spectacle horrible du Cadavre d'une personne aussi chere traîné avec ignominie dans les rues de Toulouse ? Des coupables ne se seroient point occupés de pareils ménagemens; au premier bruit qui se seroit répandu de la mort violente de Marc-Antoine, le trouble de leur conscience, l'effroi qui les auroit saisis & la vûe d'un prochain supplice, les auroient excités à prendre la fuite; ou s'ils avoient eu l'audace de se présenter d'eux-mêmes à la face de la Justice, ils auroient été les premiers à disposer toutes choses pour persuader que le défunt étoit seul auteur de sa mort.

2°. On a prétendu trouver une contradiction dans l'un des interrogatoires de Calas pere, en ce qu'il paroît avoir supposé dans ses réponses, que la corde avoit été coupée, tandis qu'au contraire cette corde s'est trouvée entiere. Mais on a déja fait voir dans le Mémoire imprimé pour la famille Calas, pages 117 & 118, que cette prétendue contradiction n'est qu'une chimere. Un pere accourt au cris de deux personnes qui lui apprennent la mort funeste de son fils. Il le voit suspendu, il le prend entre ses bras, le corps tombe à terre. N'est-il pas naturel à ce malheureux pere, qui n'avoit eu garde d'examiner à quoi la corde étoit attachée, de fuppofer qu'elle avoit été coupée ? Que chacun s'interroge foi-même, & qu'il juge fi dans un tel moment il fe feroit arrêté à remarquer par quelle raifon le Cadavre étoit tombé au premier ébranlement.

3°. On doit dire la même chofe de quelques incertitudes où fe font trouvés Jean-Pierre Calas & le fieur Lavayffe, en ce que le premier n'a pas pu dire fi la corde étoit fimple ou double, & que l'autre a dit que le Cadavre étoit directement fous le ceintre de la porte. De pareilles méprifes s'expliquent aifément lorfqu'on connoît les fentimens de la nature, & bien loin qu'on en puiffe conclure queles uns ou les autres euffent attenté aux jours de Marc-Antoine Calas, il en réfulte au contraire une nouvelle preuve de leur innocence, parce que s'ils euffent été eux-mêmes les auteurs de cette funefte cataftrophe, ils n'auroient ignoré ni la pofition du Cadavre, ni la nature des inftrumens employés pour fa deftruction.

4°. La fervante a déclaré dans l'un de fes interrogatoires, qu'elle n'avoit point encore vû porter de cravates noires à Marc-Antoine, tandis qu'au contraire Calas pere a déclaré que le défunt portoit le plus fouvent une cravate noire, ſur-tout *dans les vacations*, & lorſqu'il alloit à la campagne.

Il eſt aiſé de ſentir combien cette prétendue contradiction mérite peu d'attention. La ſervante n'a point dit que le défunt n'avoit jamais porté juſques-là de cravate noire, elle a dit ſeulement qu'elle ne l'avoit point vû, ce qui ne peut être attribué qu'à une abſence de ſa part, puiſque le contraire eſt conſtaté par les réponſes unanimes du pere, de la mere & du frere. Ils ont aſſuré poſitivement que le défunt portoit très-ſouvent une cravate noire, & que l'année précédente il en avoit acheté une de ſept pans de long, avec une dentelle à chaque bout. Si les Capitouls avoient fait la deſcription des effets appartenans à Marc-Antoine Calas, ils auroient trouvé dans ſa chambre au moins cinq ou ſix cravates noires dont il avoit coutume de ſe ſervir.

5°. La Dame Calas a déclaré dans ſes interrogatoires qu'elle n'avoit ſçu le genre de mort de ſon malheureux fils, que depuis ſon empriſonnement, au lieu que Calas pere a dit le lui avoir appris avant qu'ils fuſſent conduits à l'Hôtel-de-Ville. Mais ce n'eſt point-là une contradiction : il n'eſt point étonnant qu'une mere toute occupée de la perte de ſon fils & du ſoin de lui donner du ſecours, n'ait point entendu ce que lui

avoit dit fon mari fur le genre de fa mort. D'ailleurs, ce fait eft indifférent, parce que de quelque côté qu'on veuille prendre cette circonftance, il n'en réfultera jamais le moindre indice,
que Marc-Antoine ait été tué par les Accufés.

DÉPOSITIONS DES TÉMOINS.

TOUTES les dépofitions des Témoins peuvent fe ranger dans trois claffes, l'une de ceux
qui n'ont rapporté que des oui-dires ; l'autre de
ceux qui ont entendu, ou cru entendre les cris
qui partoient de la maifon du Sr Calas à neuf heures & demi, ou dix heures du foir ; la troifiéme de
ceux qui prétendent avoir vû ou entendu Calas
pere menacer fon fils Marc-Antoine.

A l'égard des oui-dires, c'eft une maxime in-
conteftable qu'ils ne peuvent former ni preuve
ni préfomption. *Deponens de auditu alieno nihil
probat.*

Mais indépendamment de cette maxime générale, il exifte dans la procédure des faits qui
détruifent fans reffource tous ces oui-dires, dont
on a enflé les informations.

Rien de plus remarquable, entr'autres, que les
dépofitions de trois femmes de Touloufe, qui rap-
portent les propos qu'elles prétendent avoir entendus de la part du fieur *Roux*, le lendemain de

la mort de Marc-Antoine. Elles font dire entr'autres au Sr Roux, que le jour précédent 13 Octobre 1761, après midi, M. A. Calas avoit dit
en sa présence que *dans trois ou quatre jours il auroit fait abjuration.*

Voilà une assertion bien positive attribuée au
sieur Roux. Croiroit-on qu'elle eût été démentie
par lui-même ? Rien n'est plus vrai : ce Marchand
entendu en déposition le même jour que les trois
femmes en question, déclare positivement que
s'il s'est expliqué sur quelques circonstances de la
mort de M. A. Calas, il n'en a parlé que *sur le
bruit public,* sans sçavoir d'où il le tenoit. Bien
plus : quoique suivant le rapport des trois femmes, il leur eût représenté M. A. Calas comme son intime ami, avec lequel il avoit été à la
messe le propre jour de sa mort, il atteste formellement *qu'il n'étoit plus en liaison avec lui depuis environ trois ans.*

Combien d'autres oui-dires semblables ont été
démentis par ceux là-même de qui on prétendoit
les tenir ? Trois freres Tailleurs assurent tenir du
nommé *Espaillac,* garçon Perruquier, que ce
dernier avoit distingué la voix de M. A. Calas,
criant : *Ah ! mon Dieu, on m'assassine : Ah ! mon
Dieu, on m'étrangle ;* ou bien : *Ah ! mon pere,
vous m'étranglés,* ou bien encore : *Ah ! mon Dieu,*

je suis mort, on m'étrangle : mais le nommé Espaillac, entendu lui-même en déposition, ne dit
autre chose, sinon que passant vers les dix heures
du soir devant la maison du sieur Calas, il vit de
la lumiere dans la boutique, & qu'il entendit
pleurer & frapper du pied. Quelle contradiction !
Prenez le oui-dire, il en résulte la conviction des
Accusés. Remontez à la source, vous y trou-
verez la preuve de leur innocence.

Guillemette Bousquet & Claire Maisonneuve,
déposent que s'étant trouvés dans la boutique
d'un Chirurgien, un particulier qui vint s'y faire
raser, s'expliqua en ces termes en parlant de
la boutique du sieur Calas : *il y avoit là un clou,
on y attacha une corde, & après avoir dit par deux
fois à M. A. Calas, veux-tu te rendre, on l'exé-
cuta.*

On a fait des recherches pour connoître le particulier qui avoit dû tenir ce discours ; c'étoit
le sieur *Saladin*, habitant du Bourg de Saint-
André, Diocèse de Viviers. Il a été assigné, &
il a déclaré que ce qu'il avoit dit chez le Chirurgien en se faisant raser, n'étoit qu'un raisonne-
ment qu'il avoit fait en l'air & de son propre
mouvement.

Suivant un autre-Témoin, M. A. Calas passant
dans une rue de Toulouse la veille de sa mort,

avoit dit au sieur Bruyere, *tu n'auras plus de peine à me fréquenter, parce que je me fais Catholique, & que je dois faire demain ma premiere Communion* : Mais lorsque le sieur Bruyere a déposé devant les Capitouls, il a dit seulement que quelques personnes lui avoient dit qu'il couroit *un bruit sourd* que M. A. Calas devoit changer de Religion.

Il faut ranger dans la Classe des *oui-dires* les faits qu'on a imputés à Calas pere, concernant *Louis*, son jeune fils, converti à la Religion Catholique. Ces faits se réduisent à ceux qui suivent.

1°. Que Louis Calas étant entré dans la maison paternelle depuis sa conversion, son pere lui avoit tiré un coup de pistolet, dont il portoit encore les marques au visage.

2°. Que Calas pere l'avoit tenu enfermé dans la cave pendant quinze jours les pieds nuds.

3°. Que la Dame Calas étoit si indignée de sa conversion, qu'elle avoit dit que ses maux ne finiroient que quand elle le sçauroit pendu.

4°. Que la crainte de mauvais traitemens de la part de Calas pere, avoit obligé Louis de se cacher & de changer plusieurs fois de logement.

Tous ces oui-dires sont détruits d'avance dans

le Mémoire imprimé pour la famille Calas, depuis la page 88, jufqu'à la page 100, & dans les obfervations imprimées, pages 19 & 20. Une feule réflexion fuffit pour écarter tous ces mauvais propos : c'eft que d'un grand nombre de perfonnes très-refpectables qui fe font mêlées de la converfion de Louis Calas, ou qui fe font intéreffées pour lui depuis fa converfion, aucun ne s'eft préfenté à révélation, aucun n'a été entendu en dépofition fur le prétendu coup de piftolet, fur la prétendue détention de Louis dans la cave de fon pere, ni fur les menaces & mauvais traitemens qu'on fuppofe qu'il a éprouvés. C'étoit à de pareils témoins qu'il falloit s'adreffer pour avoir des éclairciffemens fur les circonftances de la converfion de Louis Calas, & non pas à une coëffeufe, à une couturiere, à une Perruquiere, & autres gens de cette efpèce.

D'abord, pour ce qui concerne le prétendu coup de piftolet, c'eft un fait certain que la bleffure de Louis ne provenoit point d'un coup de piftolet, mais d'un pétard qu'il avoit tiré en 1749, dans une place de Touloufe, & dont il avoit été bleffé tant au vifage qu'à la main. C'eft Louis Calas lui-même qui l'a dit ainfi au fieur *Caperan*, Marchand, dont il étoit commis. Il l'a dit pareillement à la nommée *Auxillon* & l'un & l'aure en ont rendu compte dans leurs dépofitions. Si donc on prétend que Louis Calas a dit le contraire à quelques autres Témoins, tout ce qu'on en pourroit conclure, c'eft qu'il n'en faudroit croire ni les uns ni les autres, & qu'il faut toujours en revenir au principe que des oui-dires ne font aucune preuve.

Vouloit-on puifer la vérité dans fa fource ? Il falloit faire affigner le Chirurgien qui étoit indiqué, tant dans la dépofition du fieur Caperan, que dans les confrontations de Calas & fa femme, comme celui qui avoit panfé Louis après fa bleffure ; mais malheureufemant on n'a rien voulu entendre de ce qui pouvoit contribuer à la juftification des Accufés. Il femble qu'on n'ait cherché que les témoignages qui pouvoient fournir des prétextes pour les condamner.

Un feul Témoin a prétendu tenir de Louis Calas que fon pere l'avoit tenu renfermé dans la cave pendant quinze jours les pieds nuds. Cette dépofition doit donc être rejettée, non-feulement parce qu'elle eft unique, mais encore parce qu'elle eft démentie par Louis Calas lui-même, & par le fait prouvé au Procès, qu'auffi-tôt que la converfion de Louis Calas eût été découverte par la chute inopinée du Placet qu'il comptoit préfenter à M. l'Intendant, il fortit de la maifon paternelle où il n'eft plus rentré depuis.

Les prétendus oui-dires sur l'indignation qu'on a supposée dans la Dame Calas contre son fils Louis, ne sont dignes que d'un souverain mépris, ils sont désavoués par Louis Calas lui-même, & par les réponses uniformes, tant de la Dame Calas que de la servante. Il est notoire d'ailleurs parmi tous ceux qui connoissoient la famille Calas, que malgré les écarts de Louis, nouveau converti, sa mere a toujours conservé pour lui une tendresse particuliere, qui ne s'est jamais démentie dans aucun tems.

Il est également prouvé au Procès que si Louis Calas a changé plusieurs fois de demeure depuis sa conversion, & s'il s'est caché en différens endroits, ce n'étoit pas par la crainte d'aucun mauvais traitement, ni d'aucun danger de la part de ses parens, mais pour éviter d'être forcé d'aller en apprentissage dans la ville de Nismes, conformément à ce qui avoit été réglé par son pere du consentement & sous les yeux de M. le Procureur Général. C'est ce dont on a déja rendu compte dans les précédens Mémoires, & les Accusés ont expliqué ce fait si naturellement dans leurs intérrogatoires, ils ont cité des garants si respectables des faits qu'ils ont avancés à ce sujet, qu'il est impossible de les soupçonner d'avoir cherché à en imposer.

Venons

V E N O N S maintenant aux dépositions des Témoins concernant les cris qu'on prétend avoir été entendus dans la maison des Calas, le soir de la mort de Marc-Antoine.

On a déja fait remarquer dans les précédens Mémoires l'étonnante variété des rapports des Témoins au sujet de ces cris, variété qui prouve seule que la Justice ne peut faire aucun fond sur les paroles que les Témoins prétendent avoir entendues, puisque chacun des rapports des Témoins renferme des différences essentielles.

On se bornera donc à établir deux faits qui seuls détruisent sans ressource toutes les conséquences qu'on a voulu tirer de ces cris. Le premier, c'est qu'ils ont été entendus environ à 9 heures & demie ou 10 heures du soir. Le second, qu'à cette heure-là, M. A. Calas étoit mort, puisque son cadavre a été trouvé froid par le Chirurgien.

Le premier fait résulte des dépositions des Témoins entendus après la mort de Marc-Antoine Calas. *Bernard Popis* déclare que c'est vers les neuf heures & demie du soir qu'il a entendu crier *au voleur, à l'assassin*. C'est également vers les neuf heures & demie du soir que Jean-Pierre Cazalis a entendu crier, *ah ! mon Dieu, ah ! mon Dieu*. C'est aussi à neuf heures & demie

B

du soir que *François Brun* a vû l'attroupement qui s'étoit formé près la porte de la maison des Calas aux cris de cette malheureuse famille. *François Bordes* atteste avec précision, que c'étoit à neuf heures & demi qu'on entendit du bruit dans la même maison, & le même fait est attesté positivement par *Dominique Brousse*. Il en est de même d'*Etienne Durand*, Perruquier, de *Dominique Dariés*, sur-nommé Mirande; de la veuve *Lormande*, du sieur *Nozieres*, du sieur *Viel*, du nommé *Pierre Scat*, de Simon *Gourdin*, de Jeanne *Sales*, servante du sieur Pouchelon, & de Bernard *Pérés*.

Voilà donc quatorze Témoins qui certifient que c'est à neuf heures & demie, ou dix heures du soir, qu'on a entendu dans la maison des Calas les différens cris qu'ils ont rapportés, au moyen de quoi cette époque ne peut pas être révoquée en doute.

Il s'agit à présent de prouver qu'à la même époque de neuf heures & demie, ou dix heures du soir, le Cadavre de Marc-Antoine Calas s'est trouvé froid.

Le premier témoignage & celui de tous qui mérite sans contredit le plus d'attention, est celui du sieur *Gorce*, garçon du sieur Camoire Chirurgien, qui fut appellé par le sieur Lavaysse & par

Jean-Pierre Calas , pour donner du secours à Marc-Antoine. Le sieur Gorce atteste, qu'ayant été averti vers les neuf heures & demie, il se rendit chez le sieur Calas, qu'ayant examiné le corps de Marc-Antoine , touché son pouls, ses tempes, & porté la main sur son cœur , il le trouva froid sur toutes ces parties, & sans palpitation.

Le sieur *Delpêch* dépose pareillement qu'ayant tâté le corps de Marc-Antoine sur l'estomach & autres parties , il le trouva froid , mais sans blessure, & que le sieur Gorce étant arrivé ensuite, il trouva pareillement le corps froid & sans blessure. Il ajoute que la mere ayant voulu faire avaler de l'eau à son fils, la bouche se referma comme un ressort.

Le sieur Brousse qui étoit entré avec le sieur Delpêch dans la maison des Calas, déclare aussi que le sieur Gorce qu'il avoit amené avec le sieur Lavaysse , s'étant approché du Cadavre, lui mit la main sur le cœur & le trouva froid.

Il est donc certain que le 13 Octobre 1761 , vers les neuf heures & demie du soir, le Cadavre de Marc-Antoine étoit froid , & il faut en conclure certainement qu'il étoit mort depuis une heure & demie ou deux heures. Envain diroit-on que le Médecin & les deux Chirurgiens qui ont visité le Cadavre de Marc-Antoine à minuit & demi ou environ, ont déclaré que le Corps étoit encore *un peu chaud*. Cette remarque ne peut détruire le témoignage de trois personnes qui ont vû, touché & trouvé le corps froid : elle ne pourroit s'entendre que des parties les plus couvertes & les plus charnues, lesquelles par cette raison conservent plus long-tems la chaleur naturelle.

Cela posé, puisqu'à neuf heures & demie du soir Marc - Antoine Calas étoit certainement mort, & que son Cadavre étoit froid, il s'ensuit que les cris qu'on a entendus dans la maison des Calas depuis neuf heures & demie, n'étoient pas les cris de M. A. Calas, mais les cris de sa famille désolée d'un si terrible accident.

Sur la prétendue conversion de Marc-Antoine Calas.

ON A FAIT grand bruit à Toulouse de deux dépositions qui paroissent supposer que Marc-Antoine Calas étoit converti à la Religion Catholique, d'où l'on a prétendu tirer la conséquence que ses parens l'avoient étranglé, en haine de sa conversion. L'une est la déposition de la nommée *Toinette Lefat*, Blanchisseuse, veuve d'un Cuisinier ; l'autre est celle de la nommée *Catherine Delmiere*, Couturiere à Toulouse.

Toinette Lefat qui avoit été autrefois nourrice de M. A. Calas, & à qui la Dame Calas avoit, peu de tems après, retiré son enfant, a déposé dans la continuation d'information faite d'autorité du Parlement de Toulouse, que M. A. Calas l'ayant rencontrée environ un mois & demi avant sa mort, il l'arrêta pour lui dire : *D'où vient que vous ne venez jamais nous voir au logis & manger la soupe? Ma mere n'en seroit pas fâchée. Félicitez-moi, je me fais de votre Religion, priez Dieu pour moi.* Elle dit de plus avoir été de son propre mouvement à l'Hôtel-de-Ville de Toulouse, pour déposer ces faits, & que sa déposition y fut reçue par un Capitoul qu'elle ne connoissoit pas & qu'elle ne pourroit pas reconnoître.

A l'égard de Catherine Dolmiere, sa déposition n'est pas moins absurde. Elle dépose que le jour de la Fête-Dieu de l'année 1761, elle rencontra à l'Eglise du *Taur* un jeune homme à elle inconnu qui lia conversation avec elle ; qu'elle le vit à genoux pendant qu'on donnoit la bénédiction ; qu'ayant depuis rencontré ce même jeune homme, il l'avoit saluée ; que le lundi 12 Octobre, ce jeune homme qu'elle connoissoit alors pour le fils du sieur Calas, l'ayant rencontrée à la place de *Perche-Peinte*, lui avoit dit après l'avoir saluée, qu'il sçavoit qu'on lui proposoit une boutique à Mautauban, & que comme elle avoit été de la Religion prétendue réformée, il l'avertissoit de prendre garde à elle, que c'étoit un

B iij

piége qu'on lui tendoit ; ce qui la surprit, ajou-
ta-t-elle , attendu que ceux qui lui avoient proposé cette boutique étoient catholiques, & que
Claire-Martin sa tante qui est Protestante, étoit
domiciliée à six lieues de Beziers ; que sur ce
propos ledit Calas lui dit qu'il falloit souffrir, qu'il
étoit entre les mains de ses parens , qu'il souffroit
beaucoup , que Dieu lui faisoit la grace de se
retirer d'eux, qu'il étoit entre les mains d'un bon
Confesseur, qu'il devoit aller se confesser le mardi
qui étoit le lendemain , & faire sa premiere
Communion le mercredy , qu'elle priât Dieu
pour lui , & qu'il lui prêteroit le *Chrétien en soli-
tude* qui la détacheroit de tout , & qu'il lui feroit voir aussi un Livre de S. François de Sales
contenant la conduite pour la Confession & la
Communion ; que le mercredi matin, vers les dix
heures, elle entendit dire qu'on avoit tué un fils
du sieur Calas , & qu'elle présuma aussitôt que
c'étoit celui qui lui avoit donné les avertissemens
du lundi.

Catherine Dolmiere ajoute dans son récollement que le sieur *Billiere* étant venu à Toulouse
& voulant l'emmener avec lui à Montauban, elle
en fit part à la Dlle Moisset ; mais que celle-ci
ayant confié au sieur Billiere que la Dolmiere
avoit déposé dans le Procès des Calas , & qu'elle

fe tenoit cachée par l'avis du fieur Curé de Saint
Etienne pour ne pas aller à Montauban, le fieur
Billiere répondit alors, *fi elle a dépofé, elle eft . . .
fi elle vient à Mautauban.* Le terme rapporté par
la Dolmiere eft fi fale qu'on n'ofe le tranfcrire
ici.

Ce n'eft pas tout, avant de clore le récollement, les Capitouls interpellerent la Dolmiere
de déclarer fi elle reconnoîtroit le Cadavre de
M. A. Calas & fon habit. Elle répondit que les
horreurs de la mort pourroient l'avoir un peu défiguré, mais qu'elle pourroit y reconnoîrre quelques traits & fa taille, & qu'elle reconnoîtroit auffi
fi fon habit étoit le même qu'il portoit la derniere
fois qu'il lui avoit parlé. Là-deffus les Capitouls
étant paffés à la chambre de la Gehenne, où étoit
le Cadavre, & l'ayant fait tirer de la chaux dont il
étoit couvert, Catherine Dolmiere ne balança
pas à le reconnoître pour être celui du jeune
homme dont elle avoit entendu parler dans fa dépofition ; elle prétendit reconnoître auffi l'habit
& la vefte dont il étoit revêtu lorfqu'il lui avoit
parlé.

Voilà les deux feuls Témoins qui aient dépofé
affirmativement fur la prétendue converfion de
Marc-Antoine. Ce font deux femmes de la lie du
peuple. Telles ont été, dit-on, les confiden-

tes de Marc-Antoine, tandis qu'il n'en a jamais rien dit à plusieurs amis Catholiquesqu'il avoit à Toulouse, au Curé de sa Paroisse qui lui avoit refusé un certificat de Catholicité, ni à la servante de son pere qu'il sçavoit avoir contribué efficacement à la conversion de son frere Louis.

Mais d'ailleurs ces deux dépositions doivent être rejettées par plusieurs raisons.

Celle de Toinette Lefat tient du délire. Cette femme prétend avoir déjà été entendue à l'Hôtel-de-Ville. Elle déclare avoir été ouie par un Capitoul, & que sa déposition fut écrite, & cependant elle ne se trouve point au nombre des Témoins entendus à l'Hôtel-de-Ville ; ensorte qu'il faudroit dire, ou que sa déposition auroit été supprimée, ce qu'il est difficile de présumer, ou que cette femme est imbécile, ce qui ne permet pas d'ajouter aucune foi à sa déposition.

Quelle apparence d'ailleurs que Marc-Antoine Calas ait invité cette Blanchisseuse à venir manger la soupe chez son pere & sa mere, tandis qu'il n'ignoroit pas les raisons pour lesquelles la Dame Calas sa mere l'avoit retiré d'entre ses mains, ce qui lui avoit attiré un torrent d'injures de la part de cette femme ?

A l'égard de Catherine Dolmiere, sa déposition porte tous les caracteres du faux.

1°. Comment se persuadera-t-on que Marc-Antoine Calas à genoux devant le Saint-Sacrement, eût lié une conversation avec une Couturiere qu'il ne connoissoit pas, & dont il n'étoit pas connu?

2°. Comment Marc-Antoine Calas avoit-il pû sçavoir qu'on proposoit à Catherine Dolmiere une boutique de Marchand à Montauban? Pourquoi lui auroit-il dit que c'étoit un piége qu'on lui tendoit, tandis que suivant la Dolmiere elle - même, la boutique luiétoit proposée par le nommé *Billiere*, ancien Catholique?

3°. Quel étoit ce *bon Confesseur* que Marc-Antoine Calas a dû se choisir? S'il devoit se confesser le lendemain, comment ne s'est-il présenté à Toulouse aucun Ecclésiastique qui ait **pu** dire l'avoir confessé, ni même l'avoir instruit des principes de la Religion Catholique?

4°. Ces Livres de dévotion qu'il offroit à la Dolmiere de lui prêter, que sont-ils devenus? Il n'en fut trouvé aucun après sa mort, ni sur ses habits, ni dans son armoire. Dira-t-on qu'il n'osoit pas les garder dans sa maison, dans la crainte qu'ils ne fussent trouvcs par ses parens? Il les auroit donc déposés chez quelqu'ami Catholique; mais dans ce cas, le dépositaire de ces Livres auroit-il manqué, sur-tout y étant forcé

par les censures Ecclésiastiques, de le réveler &
de porter ces Livres au Greffe ?

5°. Le récollement de la Dolmiere est du 3
Novembre 1761. Il y avoit alors dix-huit jours
que le Cadavre de Marc-Antoine Calas étoit
dans la chaux vive, ce qui certainement avoit
brûlé les chairs & l'avoit extrêmement défiguré.
Aussi les sieurs *Laplagne* & *Tenade*, qui exami-
nerent le Cadavre pour tâcher de découvrir si
Marc-Antoine Calas étoit le même que celui
qui s'étoit confessé au sieur *Laplagne*, ne purent
le reconnoître, tant il étoit changé & défiguré.
Cependant Catherine Dolmiere prétend l'avoir
reconnu au premier coup d'œil. Ce fait est-il
croyable ?

6°. Catherine Dolmiere a cité dans sa déposition le sieur Billiere, comme étant celui qui lui
avoit proposé une boutique à Mautauban. Pourquoi ce sieur Billiere n'a-t il point été assigné pour
sçavoir si sa déposition confirmeroit celle de la
Dolmiere ? Seroit-ce parce que les Capitouls se
feroient assurés que Billiere avoit été cité mal-à-
propos par cette femme ? Mais en ce cas la déposition tomboit d'elle même.

7°. Enfin, il a été reconnu que cette Catherine Dolmiere prétendue nouvellement conver-
tie, n'avoit jamais fait profession de la Religion

prétendue réformée, mais qu'elle étoit née de pere & mere Catholiques qui l'avoient élevée dans leur Religion ; on en a rapporté des preuves autentiques.

Concluons de ces réflexions que les dépositions de Toinette Lesat & Catherine Dolmiere sont évidemment fausses, & qu'il n'est point vrai que Marc - Antoine Calas eût changé de Religion. Il n'est pas même possible de le supposer lorsqu'on sçait que dans tout le Clergé séculier & régulier du Diocèse de Toulouse, il ne s'est trouvé aucun Ecclésiastique qui ait pû dire avoir instruit ou confessé Marc-Antoine Calas. Cette circonstance seule est décisive, & l'on ne peut trop y insister.

IL EST TEMS d'en venir aux deux dépositions qu'on a regardées comme les plus graves, & comme faisant le plus de charge contre les Accusés. Ce sont les dépositions de Marie Coudere & de Jean-Paul Bergerot.

Sur les menaces imputées à Calas pere.

Marie Coudere, Revendeuse de Toiles, a déposé qu'il y avoit alors quinze jours, qu'étant allée chez Calas pere, à sept heures du matin, pour y acheter des Indiennes, elle vit en entrant dans le magazin, Calas pere qui tenoit son fils au colet dans le coin du magazin, en lui disant, *Coquin, il ne t'en coutera que la vie* ; qu'aussitôt qu'elle eut paru, Calas pere quitta son fils; qui vint lui donner des Indiennes, & qu'elle crut que Calas fils avoit volé quelque chose à son pere.

Jean-Paul Bergerot, Boutonnier, a déposé que vers le milieu de la semaine antérieure au jour de la mort de Marc-Antoine Calas, passant devant la boutique de Calas pere, il l'avoit vû dans cette boutique parlant à *un Monsieur habillé de gris, portant un chapeau bordé en or*, auquel Calas pere disoit que, *s'il sçavoit qu'il changeât de Religion, il lui serviroit de bourreau.* Bergerot ajoute qu'il ne se rappelle pas ni le jour, ni l'heure.

Quoiqu'il paroisse que ces deux dépositions sont celles dont les Juges ont été le plus affectés, il est certain qu'en les examinant sans prévention, elles ne formoient aucune preuve.

Premierement, à l'égard de la déposition de Marie Coudere, quand bien même on supposeroit que Calas pere eût dit à son fils, en le tenant au colet, *il ne t'en coutera que la vie* : seroit-il juste d'en tirer la conséquence, que ce pere eût tué son fils, parce que ce fils auroit été trouvé pendu quinze jours après ? Calas pere a toujours persisté à soutenir que cette déposition est fausse ; mais quand bien même elle seroit vraie, il n'en réfulteroit jamais qu'une menace faite par un pere pour corriger fon fils, & peut-on exiger d'un peré qu'il mefure toujours exactement fes termes dans les réprimandes qu'il fait à fes enfans ?

Obfervons d'ailleurs que Marie Coudere n'a pas dit que Calas pere menaçât fon fils de le tuer s'il venoit à changer de religion. Elle a dit au contraire qu'elle avoit cru que le fujet de cette menace n'étoit autre que quelque vol que Marc-Antoine avoit fait à fon pere ; & en effét Calas pere a dit dans fa confrontation au Sr Durand, que Marc-Antoine jouoit journellement au billard, & qu'il lui avoit volé quelquefois des marchandifes. Il ne feroit point étonnant qu'à l'occafion de ces petits vols, Calas pere eût dit à fon fils avec vivacité, *Il ne t'en coutera que la vie.* Ce n'eft point-là une menace, c'eft un avertiffement qui, quoique fait avec une efpèce d'emportement, ne fera jamais préfumer qu'un pere ait étranglé fon fils. Mais on le répéte, Calas pere a toujours nié conftamment d'avoir ufé d'aucune violence envers fes enfans, & c'eft un témoignage qui lui a été rendu par trois Témoins entendus dans les informations, fes plus proches voifins & les plus à portée de connoître l'intérieur de fa maifon.

Quant à la dépofition de Bergerot, elle n'eft pas plus concluante que la précédente ; quoi! ce particulier en paffant dans la grande rue de Touloufe, auroit faifi avec exactitude les propres paroles de Calas pere qui, fuivant lui, étoit en converfation dans fa boutique avec un étranger. Eft-il croyable que Calas pere reconnu jufques-là pour homme circonfpect & mefuré dans fa conduite, en lui fuppofant le barbare deffein d'affaffiner fon fils, eût ôfé faire part de ce projet à un étranger quelqu'il fût, & qu'il lui eût fait cette horrible confidence dans fa boutique, fur la rue la plus fréquentée de la Ville, & d'une voix affez élevée pour pouvoir être entendu de ceux qui paffoient dans cette même rue ?

De tous les fens, il n'en eft point de plus trompeur que l'ouie. Souvent on ne peut pas fe flatter d'avoir bien entendu un difcours tenu dans une converfation, & l'expérience apprend tous les jours que fi ce difcours eft rapporté par dix perfonnes, il le fera de dix manieres différentes. Combien plus doit-on fe défier d'un propos prétendu faifi au hazard, en paffant dans une rue, de la part d'un homme qui converfoit, dit-on, avec un autre dans le fond de fa boutique ?

Mais fuppofons pour un moment que Bergerot ait effectivement entendu Calas pere dire dans fa boutique, *s'il change de religion, je lui fervirai de bourreau.* A-t-il entendu les difcours qui ont précédé & ceux qui ont fuivi cette prétendue converfation ? Calas pere parloit-il de fon fils ? Parloit-il de ce qu'il feroit lui-même, ou racontoit-il fimplement un propos que quelqu'autre que lui, un Catholique peut-être, avoit tenu au fujet d'un enfant qui le menaçoit d'abjurer fa Religion ? On ne conteftera pas, fans-doute, que l'homme du monde qui auroit le plus d'horreur pour le parricide, ne puiffe rapporter fans conféquence des menaces qui auroient été faite par un autre, à fon fils, ou à fon pere. Donc, quand bien même Bergerot auroit entendu précifément les difcours qu'il a mis dans la bouche de Calas pere, il n'en réfulteroit, ni indice, ni préfomption raifonnable contre lui.

Au refte, la Cour remarquera fans doute la maniere dont Bergerot a défigné dans fa dépofition l'Inconnu avec lequel il fuppofe que Calas pere étoit en converfation. C'étoit, felon Bergerot, *un homme habillé de gris, portant un chapeau bordé en or.* Il faut obferver que plufieurs témoins entendus dans les informations ont parlé d'un jeune homme, habillé de gris, portant un chapeau bordé en or, qu'on avoit vû fortir de la maiſon du Sr Calas entre neuf heures & demie & dix heures du ſoir. Ce jeune homme, qui n'é- toit autre que le ſieur Lavayſſe, étoit impliqué dans le Procès ; le Monitoire, & les briefs inten- dits donnés par le Procureur du Roi en l'Hôtel- de-Ville le déſignoient comme complice de la mort de M. A. Calas, & comme étant du nom- bre de ceux avec leſquels on ſuppoſoit que cette mort avoit été complotée.

Dans ces circonſtances, pourquoi cette atten- tion de Bergerot à ſpécifier dans ſa dépoſition que l'Inconnu avec lequel il prétend que Calas étoit en converſation, portoit *un habit gris & un chapeau bordé en or* ? Auroit-il voulu par-là dé- ſigner le ſieur Lavayſſe ? Mais il étoit trop bien atteſté que ce jeune homme n'étoit arrivé à Tou- louſe que le 12 Octobre, la veille de la mort de M. A. Calas, & quelle qu'ait pût être à cet égard l'intention de Bergerot, on n'a pû ſérieu- ſement conteſter cette époque.

Ainſi, tout ce qu'on peut penſer de plus favo- rable pour Bergerot, c'eſt qu'à l'imitation de mille autres habitans de Toulouſe, il aura été pris de la manie de ſe donner pour avoir vû, ou enten- du quelque choſe qui eût du rapport à l'accuſa- tion dont tous les eſprits étoient occupés. Mais, quoiqu'il en ſoit, il eſt clair que ſa dépoſition ne

pouvoit

pouvoit & ne peut encore faire aucune charge contre les accufés.

On se flate d'avoir détruit tous les prétextes fur lefquels paroît avoir été fondée la condamnation de Calas pere. On ne s'eft point arrêté aux prétendus indices tirés des actes apparens de catholicité, auxquels plufieurs Témoins affurent que M. A. Calas s'eft prété dans fes dernieres années. Mille motifs ont pû y engager ce jeune homme fans qu'on en puiffe rien conclure pour fa converfion, la bienféance, la curiofité, l'attrait de la mufique, & peut-être l'efpérance d'obtenir par ce moyen le certificat de catholicité dont il avoit befoin pour fe faire recevoir Avocat. D'ailleurs, pour fe convaincre que M. A. Calas ne s'eft jamais converti, il ne faut pas d'autre preuve que le filence général de tout le Clergé féculier & régulier de Touloufe, & furtout du fieur Curé de S. Etienne de Touloufe.

Quant à la prétendue impoffibilité que M. A. Calas fe foit pendu lui-même, c'eft un point déja difcuté amplement dans le Mémoire imprimé pour la famille Calas, depuis la page 105 jufqu'à la page 114. On y a fait voir, non feulement qu'il n'eft pas impoffible que ce malheureux fe foit pendu, mais plutôt qu'il eft impoffible qu'il ait été pendu par d'autres que par lui-même.

C

Il n'y avoit donc, on le répete, aucune preuve, ni même aucun indice valable contre les accusés, & cette raison seule devoit les faire absoudre. Car suivant tous les principes, ce n'est point aux Accusés à prouver leur innocence, elle est présumée de droit : c'est à la partie publique à prouver qu'ils font coupables, & si la question paroît problématique, la régle veut que, dans le doute, les Juges se décident pour l'opinion la plus favorable aux Accusés.

Mais ce n'est pas assez pour la famille Calas d'avoir détruit les prétextes sur lesquels Calas pere a été condamné. Elle entreprend encore, encore, quoi qu'elle n'y soit pas obligée, de prouver qu'il étoit innocent, aussi-bien que les autres Accusés ; & pour y parvenir, elle n'a besoin que de rassembler les circonstances de la mort de Marc-Antoine, & celles qui ont précédé & suivi ce funeste événement.

P R E U V E S.

de l'innocence de tous les Accusés.

Il est aisé de sentir avec quel désavantage on entre ici dans les preuves de l'innocence de la famille Calas. Car tandis que d'un côté les premiers Juges ont ramassé avec grand soin les pro-

pos de la plusvile populace qui paroiſſoient char-
ger les accuſés, de l'autre, ils ont obmis de conſ-
tater les faits les plus eſſentiels pour leur juſtifi-
cation, & ils ſemblent avoir pris plaiſir à écarter
les témoignages de toutes les perſonnes les plus
reſpectables qui auroient fait évanouir l'accuſation. Cependant malgré cette inattention, pour
ne rien dire de plus, il reſte encore une foule de
faits & de circonſtances qui ſuffiſent pour détruire
l'accuſation.

D'abord il ne faut jamais perdre de vûe que la
cauſe de tous les Accuſés eſt indiviſible, puiſque
depuis ſept heures & demie du ſoir du 13 Octobre 1761, juſqu'à neuf heures & demie, que
le ſieur Lavayſſe voulut ſe retirer, ils ne ſe quit-
térent pas un ſeul inſtant. Si donc l'un eſt coupable, tous le ſont; & l'un ne peut être innocent, ſans que tous les autres le ſoient également.

Cela poſé, combien de circonſtances déciſives
ne ſe préſentoient-elles pas pour opérer la décharge pleine & abſolue des Accuſés?

1°. La conduite précédente des Sieur &
Dame Calas pendant tout le tems qu'ils ont de-
meuré à Touloufe, depuis leur établiſſement en
cette Ville, juſqu'au déplorable événement du

Premiere preu-
ve priſe des per-
ſonnes, du lieu,
& du genre de
mort de Marc-
Antoine Calas.

13 Octobre 1761. S'est-il présenté quelqu'un qui ait prétendu avoir souffert quelque violence de leur part ? N'ont-ils pas au contraire toujours vécu en Citoyens paisibles & sans aucun reproche, & n'est-il pas notoire entr'autres qu'ils ont été liés d'un amitié particuliere avec plusieurs personnes Catholiques qui leur ont accordé leur estime & leur confiance ?

Qu'on n'objecte pas ici les mauvais propos de quelques uns des Témoins sur la conduite de Calas pere envers Louis son fils, nouvellement converti à la Religion Catholique. On a déja fait voir l'illusion de tous ces propos ; mais une preuve indubitable de la douceur & de la modération de Calas pere envers Louis son fils, c'est le silence de toutes les personnes distinguées qui ont eu part à sa conversion, & qui d'après la publication du Monitoire, n'auroient pas manqué de venir à révélation, si Calas pere lui avoit fait éprouver quelques mauvais traitemens en haine de sa conversion. On ne peut trop citer à cet égard les Magistrats témoins des marques de tendresse que Calas pere donna à son fils Louis en lui accordant 400 livres pour son apprentissage, 600 liv. pour le payement de ses dettes, & une pension de cent livres. Le silence de ces Magistrats a d'autant plus de poids, que les faits dont ils ont con-

noiſſance ont été avancés & ſoutenus conſtam-
ment par Calas pere dans ſes interrogatoires, ce
qu'il n'auroit certainement pas oſé faire s'il avoit
pu craindre d'être déſavoué par ceux qu'il citoit
comme témoins de ſa conduite.

2°. La naiſſance & l'éducation du ſieur Lavayſſe, & les éloges qu'il s'eſt attirés dans tous
les tems par la régularité de ſes mœurs & la douceur de ſon caractere. Ce jeune homme eſt fils
d'un célébre Avocat au Parlement de Toulouſe,
auſſi eſtimé par les qualités qui conſtituent l'homme d'honneur & l'homme de bien, que par ſon
érudition & ſa capacité. Le jeune Lavayſſe auroit-il appris ſous un tel pere à maſſacrer inhu-
mainement un ancien ami, qui l'avoit lui-même
invité à ſouper chez lui ? Qu'on interroge tous
ceux avec leſquels il a vécu, ſoit à Toulouſe, ſoit
à Bordeaux ; ils répondront, comme ils l'ont déja
déclaré par des certificats authentiques, que le
ſieur Lavayſſe n'a jamais démenti l'éducation qu'il
avoit reçue de ſon pere, & qu'ils lui ont toujours
connu des mœurs douces & ſociables qui lui
avoient concilié leur eſtime. Se perſuadera-t-on
qu'un jeune homme de dix-neuf ans, arrêté for-
tuitement à ſouper dans une maiſon particuliere,
ait conçu tout-à-coup l'horrible & infâme réſo-
lution d'étrangler le fils aîné de ſes hôtes, qu'il

ait excuté un fi noir forfait , ou concouru à le faire exécuter , & qu'après l'exécution , il ait confervé dans fa figure , dans fon maintien , dans fes démarches & dans fes difcours tous les caracteres d'une innocence parfaite & fupérieure à tout foupçon ? Une diffimulation auffi profonde pourroit à peine fe fuppofer dans un fcélérat confommé.

3°. La fervante qui étoit dans la maifon de fes maîtres lors de la mort de Marc-Antoine Calas & qui a été arrêtée avec eux, eft une ancienne Catholique, connue par une piété rare & par la fréquentation affidue des Sacremens. Tout le monde fçait & le fait eft attefté au Procès, qu'elle a été l'un des principaux inftrumens de la converfion de Louis Calas. Il feroit donc abfurde de la fuppofer coupable ou complice de la mort de Marc-Antoine, il feroit abfurde de penfer qu'on eût entrepris d'attenter à la vie de ce malheureux pendant qu'elle étoit dans la maifon , car certainement ç'auroit été la premiere perfonne à écarter. Par conféquent la feule circonftance que cette vertueufe fille étoit dans la maifon le 13 Octobre 1761, cette circonftance jointe à la fermeté avec laquelle elle a défendu l'innocence de fes maîtres , eft une preuve démonftrative de la fauffeté de l'accufation.

4°. Le lieu & l'heure de la mort de Marc-Antoine fourniſſent encore de nouvelles preuves. Si ſes parens euſſent été aſſez barbares pour étrangler leur fils aîné, auroient-ils choiſi pour le lieu de l'exécution, une boutique ſituée ſur la rue la plus fréquentée de Touloufe, & auroient-ils choiſi une heure à laquelle une quantité d'habitans de cette Ville étoient encore à leurs portes pour prendre le frais ? Auroient-ils d'ailleurs choiſi un genre de mort qui laiſſoit néceſſairement des traces d'une mort violente ? Auroient ils pû eſpérer de déguiſer leur crime aux yeux de la Juſtice, tandis qu'ils ne pouvoient ignorer qu'il falloit néceſſairement l'intervention du Magiſtrat pour les autoriſer à faire enterrer le Cadavre ? Dira-t-on que leur deſſein étoit de l'enfouir ſecrettement ? Mais dans ce cas, il auroit fallu avoir la précaution de tenir une foſſe toute prête dans leur cave, ou dans quelqu'autre lieu ſecret, & l'on ſçait qu'après une perquiſition exacte, les Capitouls n'ont trouvé aucun indice de terre nouvellement remuée. Ajoutons, qu'à moins de vouloir faire paſſer les Calas pour imbéciles, il eſt impoſſible de leur ſuppoſer un pareil deſſein ; car enfin, ſi M. A. eût diſparu ſubitement de la Ville de Touloufe, n'auroit-il pas fallu rendre compte de ſa mort, & n'auroient-ils pas été à chaque

Instant exposés à des recherches & à des visites qui, malgré toutes leurs précautions, auroient mis leur crime en évidence ?

Concluons de ces réflexions, que soit qu'on considere les personnes, soit qu'on fasse attention au lieu & au tems de la mort de Marc-Antoine, il étoit impossible de regarder les Calas comme coupables.

Mais sur-tout, on ne craint point de le dire, la seule circonstance que le sieur Lavaysse & sa servante étoient dans la maison suffisoit pour rendre le Procès absurde, & par conséquent pour faire renvoyer les Accusés.

Seconde preuve. M. A. Calas ne s'étoit point converti à la Religion Catholique, par conséquent l'accusation s'évanouit.

MAIS si la considération des personnes & du lieu de la mort de M. A. Calas étoit si favorable aux Accusés, toutes les autres circonstances n'étoient pas moins décisives.

1°. Quel est le fondement de toute l'accusation? C'est que Marc-Antoine Calas s'étoit, dit-on, converti à la Religion Catholique, qu'il devoit faire son abjuration, & que pour prévenir cet événement son pere, sa mere, son frere, son ami, & une servante zélée catholique, se sont accordés à l'étrangler.

Il falloit donc prouver que M. A. Calas s'étoit converti, & si le fait eût été vrai, rien n'étoit plus

facile. M. l'Archevêque de Touloufe, le Curé de
fa Paroiffe, fon Confeffeur, une infinité d'autres
Eccléfiaftiques auroient eu part à cet événement
& feroient venus à révélation fur la publication
du Monitoire. Or, il eft de fait certain qu'aucun Eccléfiaftique n'a dit avoir inftruit ni confeffé M. A. Calas.

Les informations faites ; tant à l'Hôtel-de-
Ville, qu'au Parlement, renferment les dépofitions de dix-fept Eccléfiaftiques qui ont été affi-
gnés, fans doute, parce qu'on préfumoit qu'ils devoient avoir des connoiffances particulieres fur la
prétendue converfion de M. A. Calas. Que ré-
fulte-t-il de leurs dépofitions ? Un feul d'entr'eux
(le fieur Laplagne) annonce qu'il a quelque foupçon d'avoir confeffé le défunt ; il fait des démarches, il fe livre à de grandes recherches pour découvrir fi un jeune homme portant une redin-
gote grife & fes cheveux en bourfe, qu'il avoit
coutume de fe confeffer, dit-il, aux bonnes fêtes,
n'étoit pas M. A. Calas ; bien plus, il pouffe l'attention jufqu'à fe faire repréfenter le Cadavre ;
mais ni fes recherches, ni l'examen du Cadavre,
ne lui procurent aucunes lumieres fur un fait qu'il
avoit fi fort à cœur d'éclaircir.

On doit beaucoup fans doute aux foins empref-
fés du fieur Laplagne pour découvrir fi M. A. Ca-

las avoit été son pénitent, quoi qu'à dire vrai, s'il eût coopéré à la prétendue conversion de ce jeune homme, il n'auroit pas eu besoin de tant de recherches pour éclaircir un fait dont il étoit impossible qu'il n'eût une parfaite connoissance. Mais quel qu'ait été le motif des démarches de cet Ecclésiastique, il est clair qu'il a rendu un très-grand service aux accusés ; car rien ne prouve mieux la fausseté des propos répandus au sujet de la prétendue conversion de M. A. Calas, que la multiplicité & l'inutilité des recherches du sieur Laplagne.

Cette premiere preuve acquiert une nouvelle force lorsqu'on sçait que tous les autres Ecclésiastiques entendus dans les informations, ont déclaré positivement qu'ils n'ont jamais confessé M. A. Calas.

La réponse faite par M. A. Calas lui-même, quinze jours avant sa mort, à Me *Challier* Avocat, & son intime ami, que *les Ministres de la Religion Protestante étoient bien heureux de mourir pour leur Religion, qu'il envioit leur sort, & que souvent il avoit eu le dessein d'aller à Genève pour se faire recevoir Ministre*, cette réponse suffiroit seule pour démontrer l'absurdité du systême de ceux qui ont voulu persuader qu'il étoit prêt à se convertir.

Joignons la lettre que M. A. Calas écrivoit au sieur Cazeing à Nismes, au mois de Janvier 1761, dans laquelle il appelloit son frere Louis *notre déserteur*, & concluons que l'histoire de sa prétendue conversion n'a jamais eu d'autre source que le fanatisme & la méchanceté.

Il est donc démontré que M. A. Calas n'a jamais eu la moindre volonté de changer de Religion, & si ce fait est certain, comme on n'en peut douter, que devient l'accusation? C'est un édifice en l'air, puisqu'on ne lui donne pour fondement qu'une prétendue conversion démontrée chimérique. Si Marc-Antoine ne s'est point converti, donc ses parents ne l'ont point étranglé en haine de sa conversion, donc les accusés doivent obtenir la décharge la plus éclatante.

RIEN N'EST MIEUX CONSTATÉ que le fait qu'il ne s'est trouvé aucune blessure, aucune contusion sur le cadavre de M. A. Calas. On l'a déja vû : le Médecin & les deux Chirurgiens appellés par le sieur David lors de son Procès-verbal de descente, l'attestent formellement, & deux jours après, le sieur Lamarque, Chirurgien, qui fait une nouvelle visite du Cadavre, certifie positivement *qu'il n'y a rien remarqué de plus que ce qui avoit été observé dans le rapport précédent.*

Qu'on prenne garde à cette circonstance, qu'on faffe attention que M. A. Calas étoit un jeune homme de 28 ans, fort & robuste, adroit à tous les exercices du corps, fur-tout à celui des armes, & qu'on juge s'il fe feroit laiffé pendre par un Vieillard, deux femmes & deux jeunes gens, fans faire la plus vive réfiftance, fans qu'il en reftât des traces & des meurtriffures fur fon corps.

On a déja traité cette circonftance avec affez de détail dans le Mémoire imprimé pour la famille Calas, pages 112 & 113, & il feroit inutile d'appuyer davantage fur un fait qui parle de lui-même.

Obfervons néanmoins qu'il ne peut pas être douteux que M. A. ne foit mort par fufpenfion. Le Médecin & les deux Chirurgiens appellés par le fieur David, qui atteftent avoir trouvé au cadavre une marque livide au col, de l'étendue d'environ demi pouce, en forme de cercle, *qui fe perdoit fur le derriere dans les cheveux*. Puifque la marque livide en forme de cercle *fe perdoit fur le derriere dans les cheveux*, il s'enfuit que M. A. Calas n'a pas été fimplement étranglé en lui ferrant une corde autour du col, car autrement la marque livide auroit été parfaitement horifontale, mais qu'il eft mort fufpendu, & que par l'effet de la pefanteur du corps, la corde a remonté fur le derriere des cheveux où la marque livide fe perdoit.

Par cette raifon, le Médecin & les deux Chirurgiens ont jugé que M. A. Calas avoit été pendu encore vivant, par lui-même, ou par d'autres ; mais puifqu'il a été pendu, la moindre réflexion fuffit pour démontrer qu'il n'eft pas poffible qu'il l'ait été par d'autres que par lui-même, à caufe de la multiplicité & de la longueur des opérations qu'il auroit fallu faire pour le pendre par force. C'eft encore ce qui eft démontré dans le Mémoire fourni au Confeil pour la famille Calas, page 113.

C'EST UN FAIT CERTAIN attefté par les Témoins entendus dans les informations, & entr'autres par le fieur Gorce, & par le nommé Cazalis, que le premier mouvement du fieur Lavayffe & de Jean-Pierre Calas, après avoir appellé à grand cris Calas pere, fut de courir chez le fieur Camoire, Chirurgien, pour tâcher de procurer quelque fecours à M. A. Calas, s'il en étoit encore tems ; que le fieur Camoire s'étant trouvé abfent, ils allerent chacun de leur côté, chercher le fieur Gorce qui étoit devant la porte des Demoifelles Brandela, & que Jean-Pierre

Quatriéme preuve: Premieres démarches des accufés auffi-tôt qu'ils ont eu connoiffance de la mort de M. A. Calas.

qui arriva le premier, amena aussi-tôt le sieur Gorce dans la maison.

C'est encore un fait certain, qu'après qu'il eut été constaté par le sieur Gorce que M. A. Calas étoit mort, le sieur Lavaysse & le sieur Clausade se détacherent pour aller avertir le sieur Monier assesseur en l'Hôtel-de-Ville, & qu'ils l'amenerent avec eux, lorsque le Sr David étoit déja dans la maison avec le sieur de Brives son collégue. Le Sr Lavaysse l'a soutenu constamment dans ses interrogatoires, & ses réponses à cet égard ne peuvent pas être suspectes, puisqu'il parloit à des Juges qui en avoient une parfaite connoissance, sur-tout le Sr Monier qui assistoit aux interrogatoires.

C'est encore un fait certain que les soldats qui environnoient la maison refuserent d'abord au sieur Lavaysse & au Sr Clausade la permission d'entrer, que ces derniers dans la vûe de consoler les parens de Marc-Antoine, employerent les instances les plus vives pour obtenir cette permission. Ce fait est prouvé par la déposition du nommé Cazalis ; il auroit pû l'être également par celle des soldats dont le sieur David s'étoit fait accompagner.

Enfin, ce qu'on doit singulierement remarquer, c'est que le sieur David ayant pris sur lui de faire conduire à l'Hôtel-de-Ville le pere, la mere, le frere, le sieur Lavaysse & la servante, non-seulement ils suivirent sans aucune résistance, mais encore ils n'eurent pas la moindre idée de s'échapper, quoiqu'ils en eussent bien des facilités, sur-tout le sieur Lavaysse qui fut laissé dans la plus parfaite liberté pendant toute la nuit du 13 au 14 Octobre.

On l'a déja dit : dans les interrogatoires qu'on a fait subir aux accusés, ils ont toujours également protesté de leur innocence. Quoiqu'ils aient été tenus séparés les uns des autres, sans qu'il leur eût été laissé aucune communication, ils se sont parfaitement accordés sur tous les faits essentiels du Procès, & quelque empressement qu'aient marqué certains Juges de les trouver en contradiction sur quelques faits peu considérables, il est certain qu'au fond, leurs réponses se sont trouvées justes.

Si de cette vûe générale des Accusés, on passe à l'examen de chacun d'eux en particulier, quel trait de lumiere ne résulte-t-il pas de leur accord sur l'objet du Procès ?

A quoi peut-on attribuer, sinon à la force de la vérité, la constance inébranlable de la servante à repouffer les queftions qui lui ont été faites pour donner quelque confiftance à l'accufation ? Une fille de baffe naiffance, âgée & infirme, fatiguée par cinq mois de la plus dure captivité, menacée continuellement de la mort, qui voyoit déja fon maître condamné au fuplice & à qui mille circonftances devoient faire appréhender le même fort, cette fille perfifte aux dépens de fa propre vie, à défendre l'innocence de fes maîtres, fans que rien ait été capable de la faire fe démentir.

Mais que dirons-nous du Sr Lavayffe, qui fe voyoit fi malheureufement engagé dans une affaire capitale pour avoir accepté un foupé chez les Calas ? Que le fieur Lavayffe eût feulement donné à entendre qu'il avoit perdu de vûe un inftant les autres accufés, les Calas étoient tous perdus, mais il étoit fûr de la décharge la plus éclatante. Eh ! oar combien d'endroits les plus fenfibles fa fermeté n'a-t-elle point été attaquée ? Ne parlons point ici de la prévention de tous les ordres de la Ville de Touloufe contre les Calas, prévention fi univerfelle & fi ouvertement déclarée, qu'elle auroit ébranlé tout homme qui n'auroit pas été auffi fûr de leur innocence ; laiffons à part les fentimens d'intérêt &

de

de pitié que plusieurs des Juges ont laissé plusieurs fois éclater en sa présence lorsqu'il parois-
soit devant eux pour prêter interrogatoire : ar-
rêtons-nous à l'épreuve la plus forte que ce jeune
homme put essuyer.

Quelque tems avant la Sentence définitive
des Capitouls du 18 Novembre 1761 , le bruit
devint général que les Calas étoient convaincus,
& tous les amis de Me Lavaysse pere s'empres-
serent de lui représenter à quels dangers son fils
s'exposoit en persistant à faire cause commune
avec eux. Quelle perplexité pour un pere ! M^e.
Lavaysse obtient d'un Magistrat supérieur la permission de parler en sa présence à son fils : *Mon
cher fils* (lui dit-il avec les sentimens de la vive
douleur) *il seroit inutile de te le cacher. La voix
publique annonce qu'il y a des charges plus que suffi-
santes contre les Calas. Rien ne peut te dispenser de
dire la vérité à tes Juges. Ne dissimule point , je
t'en conjure. Si l'amitié t'a fait croire qu'il t'étoit
permis de sauver des coupables, reconnois ton erreur,
songes à quoi tu t'exposes ; que tous ménagemens
cèdent à ton devoir , au soin de ta justification , de
la conservation de ta vie , de ton honneur & de
celui de toute ta famille.*

Ce discours si attendrissant causa beaucoup

D

d'émotion au jeune Lavaysse, mais ne le fit point balancer sur sa réponse. *Non, mon pere, dit-il les larmes aux yeux, je n'ai point déguisé la vérité, l'éducation que vous m'avez donnée m'a trop instruit de mes devoirs. Les Calas ne sont point coupables, je ne les ai pas quittés un seul moment, & quand le supplice seroit préparé devant mes yeux, la crainte de la mort & de l'infamie ne m'arrachera jamais un mensonge qui pourroit faire périr des innocens.*

C'est ainsi que le jeune Lavaysse & la servante, tous deux d'une condition si différente, mais également fermes pour la défense de la vérité, résistoient aux assauts qui leur étoient livrés de toutes parts. Si cette fermeté formoit déja une présomption considérable en faveur des accusés, elle est devenue une preuve au-dessus de toute équivoque depuis l'exécution du sanglant Arrêt du 9 Mars 1762, qui a condamné Calas pere au dernier supplice.

Ni les rigueurs de la question exercées sur un Vieillard plus que sexagenaire, ni les exhortations assidues & pathétiques du P. *Bourges*, & du P. *Caldagnes*, chargés spécialement de tirer la vérité de sa bouche, ni l'appareil du supplice, ni les approches effrayantes de la mort, n'ont pû faire varier cet infortuné pere sur sa propre innocence & sur celle des autres accusés. Jusqu'au dernier soupir, il prend le Ciel à témoin de l'injustice de sa condamnation. Quelle force ne doivent pas avoir ses déclarations dans de si terribles momens ? Ne confondons pas ici Calas pere avec ces vils criminels que le désespoir & l'endurcissement du cœur rendent jusqu'à la fin obstinément rebelles aux interpellations de la Justice & aux exhortations d'un Confesseur. C'est un Chrétien qui meurt dans les sentimens de la résignation la plus parfaite, qui ne cesse d'offrir à Dieu le sacrifice de sa vie, qui ne conserve d'autres regrets que [de voir ce qu'il avoit de plus cher au monde exposé au même malheur, & qui tout occupé de la soumission dûe aux ordres impénétrables de la Providence, prie pour ses Juges, & gémit pour eux de l'injustice dans laquelle l'erreur publique les a précipités.

Est-ce avec de telles dispositions qu'un homme qui voit la mort inévitable, auroit cherché à refuser à l'autorité légitime des Magistrats le témoignage de la vérité ? Si le vertueux Calas a persisté jusqu'à ses derniers momens à défendre son innocence, n'en doutons point, cette fermeté invincible, fondée sur les sentimens les

plus purs d'un Chriftianifme héroïque, cette fermeté perfévérante au milieu des tourmens les plus
effroyables, à la vûe du bûcher prêt à réduire fon
corps en cendres, à la face de fes Juges, oui
cette fermeté eft la plus grande preuve qu'on
puiffe défirer de l'injuftice de l'accufation.

Ainfi, la qualité des perfonnes, le tems &
le lieu de la mort de Marc-Antoine Calas ; le
fait certain & prouvé qu'il ne s'eft point converti
à la Religion catholique ; l'autre fait également
prouvé & conftaté, qu'il ne s'eft trouvé aucune
bleffure, aucune meurtriffure fur fon corps ; les
premieres démarches de plufieurs des accufés,
foit pour avertir la Juftice, foit pour confoler ces
infortunés parens ; l'uniformité des uns & des autres dans leurs réponfes aux interrogatoires ; la
conftance invincible du Sr Lavayffe & de la fervante à défendre l'innocence des Calas : enfin la
fermeté héroïque avec laquelle Calas pere a fup-
porté la queftion & le fupplice, tous ces faits
qui, tous détruifent l'accufation, & dont plufieurs la rendent abfurde, doivent faire repouffer bien loin cette nuée de oui-dires, de con-
jectures, de vifions & de mauvais propos qui
ont été les feuls appuis de la procédure. Ils
affurent à la refpectable veuve de Jean Calas,

à leurs enfans , au ſieur Lavayſſe & à la ſervante , une décharge pleine & entiere , qui eſt
la moindre ſatisfaction qui ſoit dûe au cruel
déſaſtre dont ils ont été accablés.

M. DUPLEIX DE BACQUENCOURT,
Maître des Requêtes, Rapporteur.

Me MARIETTE, Avocat.

De l'Imprimerie DE GRANGÉ, rue de la Parcheminerie,
1765.